BUDGET

DE 1826.

BUDGET DE 1826,

OU

Guillaume Ledru

A LA

CHAMBRE DES DÉPUTÉS,

HISTOIRE VÉRITABLE, ÉCRITE PAR LUI-MÊME,

AVEC LA CRITIQUE

ET UN COMMENTAIRE,

PAR LE SECRÉTAIRE PERPÉTUEL DE L'ACADÉMIE DE MONTMARTRE.

Non agitur de verbis, sed de rebus.

Aphor. phil.

PARIS,

TOUQUET ET COMPAGNIE,

GALERIE VIVIENNE.

AVIS DE L'ÉDITEUR.

—

Cᴇᴛ ouvrage n'était point destiné à paraître en public, l'auteur n'ayant écrit que pour ses amis. Cependant une session mémorable, rapportée avec tant de bonne foi, nous a paru mériter l'intérêt général ; et il ne fallait rien moins que des raisons d'utilité publique pour vaincre la répugnance de notre auteur. Cette considération devra aussi disposer le lecteur à l'indulgence pour un écrivain qui manque souvent dé correction et d'élégance.

La vérité, voilà ce qu'il faut chercher ici.

GUILLAUME LEDRU

A LA

Chambre des Députés[1].

A TOUT' FOIS qu' les gros du royaume
S'étaient comm' ça bien disputés,
J' disais, faudra pourtant, Guillaume,
Qu' t' aille' à la chamb' des députés :
C' n'est pas qu'j'aim' deja tant l'tapage,
Mais chacun est bien aise d'voir.

---

[1] Je prie le lecteur d'observer que notre auteur est essen-
tiellement elliptique, et qu'on aurait tort de prendre pour
des fautes de syntaxe ou d'orthographe ce qui n'est que
l'essor de sa muse

V'la donc qu' l'autr' jour, comm' c'est
    d'usage,
J'y vas l' matin, pour entrer l' soir [1].

Même air

J'avais pris ma plus bell' toilette [2],
Et ça tourmentait notr' tendron;
Mais, que j' lui dis: « Ma p'tit' Suzette,
N' crains rien d'la part de ton luron :
Quoique j' soyons dans la farine [3],
J'sais compter plus loin qu'mes dix
    doigts;
Et j'veux savoir, car ça m'taquine,
Comment c'qu'on fait pour fair' des lois.»

---

[1] *J'y vas l' matin* — On sait en effet que chacun, et
sans billet, peut entrer à la chambre, en ayant seulement
la précaution d'aller faire queue un peu avant le lever du
soleil. On ouvre à midi.

[2] *J'avais pris, etc.* — On ne dit pas prendre sa toilette.

[3] *Quoique j'soyons dans la farine.* — L'auteur veut sans
doute faire allusion à sa profession de fort de la halle.

Air *Tous les bourgeois de Chartres.*

J'arrive, et j'fais l'pied d'grue
A l'endroit z-ou c'qu'on s'met.
Mon voisin m'passe en r'vue
Comme une chèvr' du Thimet [1] :
Ah ça ! j'lui dis : « Canet [2],
Avec ta queu' d'morue,
Prends garde, ou pard'sus l'parapet [3]
J'te fais faire un p'tit moulinet,
D'peur de salir la rue. »

[1] *Du Thimet* — Lisez *Thibet*. L'auteur écrit comme il entend, et souvent il entend mal. Ces animaux, d'ailleurs, ne sont plus si curieux pour nous.

[2] *Canet.* — C'est un mot de plus pour le nouveau Dictionnaire de l'Académie ; c'est, dans l'intention de l'auteur, un jeune canard, et qui tiendrait le milieu entre le caneton et le canard proprement dit.

[3] *Par d'sus l' parapet.* — Du grand escalier de la chambre à la Seine, il n'y a en effet qu'un saut ; mais il est bon.

Air   *Halte là !*

Là-d'sus, chacun rest' tranquille,
Et personn' n'voulant dir' mot,
Pendant six heur's à la file,
J'suis là z-à croquer l'marmot.
Mais, v'là-t-il pas l'autr' misère !
On entre ; et m' croisant l'fusi',
« Excusez, dit l'factionnaire,
»N'y a qu'les habits qu'entr' ici [1] : »
   « Bien, mon fi',
   Grand merci ;
J'm'attendais pas à c'coup-ci. »

Air   *Dans les gardes françaises*

Malheur aux vestes d'bure,
Dans ce siècle infernal ;
C'n'est plus qu'a la fourrure
Qu'on estim' l'animal :

---

[1] *N'y a qu'les habits, etc.* — Ceux qui en portent figure de rhétorique.

Mais je n'rest' pas dans l'beurre [1],
J' cours, comme un chat fouetté,
Faire un monsieur d'une heure [2],
Chez l'fripier d'a côte.

Air : Partant pour la Syrie

Je r'viens donc z-en costume;
L' soldat qu'a du museau,
Malgré l'chang'ment d'la plume,
A r'connu son oiseau :
« Entrez, qu'il m'dit, c'est juste,
Mais une fois qu' vous s'rez d'dans,
Faut être la comme un buste,
Sans desserrer les dents. »

Air   Le premier pas.

«Assez causé; n' faut pas qu'ça vous tracasse,
Mais j'répondrai, si l'on d'mand' mon avis.»

[1] *Dans l' beurre.* — Cette expression ne paraît pas tres-poetique.

[2] Il paraît qu'on loue des habits à l'heure On voit ici tout l'avantage d'une pareille institution.

En disant ça, j'mont' les degrés en masse[1],
J'ouvr' la p'tit'porte, et je m'fais faire un'
　　place
　　　Au paradis[2].

V'là bien, que j'crois, l'plus beau local[3]
Que j'ai' jamais vu dans ma vie !
Il est construit en fer-a-ch'val,
Et digne en tout de noti' bell' patrie.
De ce spectacle intéressant
L'public peut s'donner la jouissance ;
Dans l'auditoire on tient pres d'cent,
Et c'est ouveit à tout' la France.

En bas vous voyez l'parterre[4],
　　Où c'que sont les deputés :

---

[1] *En masse.* — Il fallait dire *quatre u quatre.*

[2] *Au paradis* — L'auteur confond ici les tribunes publi-
ques avec sa place ordinaire au spectacle.

[3] *L'plus beau local.* — En poesie . detestable ; exécrable.

[4] *L'parterre·* — C'est une conséquence du *paradis.*

V'là dejà pour la p'tit' guerre
Les libéraux affûtés ;
Ils sont rar's, soit dit sans r'proche,
Comm' les élus du bon Dieu.
L' côté droit est à votr' gauche,
Et le centre est au milieu.

AIR *du curé de Pomponne*

L'président monte à son comptoir [1],
Et fait sign' qu'il faut s'taire :
« Messieurs, dit-il, vous allez voir
L'*burget* du ministère [2]. »
Moi, je suis là qui grille d'savoir
Qu'est-c' que c'est que c'tte affaire.

AIR : *O ma tendre musette.*

L'ministr', qu'est un p'tit homme,
Mont' dans la chaire [3], et dit :

[1] *A son comptoir.* — L'auteur manque souvent par l'ex
ression propre Le lecteur y suppleera.
[2] *L' burget.* — Lisez : *budget.*
[3] *Dans la chaire.* — C'est à-dire *à la tribune.*

« Messieurs, nous faut tell' somme,
Ça n'souffr' pas d'contredit ;
A serrer notr' vendange [1]
Y a plus d'gens qu' vous n'croyez [2] ;
Et comm' tout c'mond-là mange ,
Il faut qu'ils soient payés. »

AIR : *Prenons d'abord l'air bien mechant.*

« Je n'donn' pas dans ces paquets-là,
Répond un membr' du côté gauche ;
Expliquez-vous plus clair'ment qu'ça ,
Et n'nous vendez pas l'chat en poche.
Dans tout c'ci, moi, j'vois du micmac ;
A nos dépens vous fait's bombance [3] :
Avant d'lui fair' vider son sac ,
Faut au moins rendr' compte à la France. »

---

[1] *A serrer notre vendange.*   Figure. C'est une allusion a la parabole *Ite et vos ad vineam meam.*

[2] *Y a plus d'gens qu'vous n'croyez.* — Ceci est bien naïf, et me paraît etre de l'auteur.

[3] *Vous fait's bombance.* — Tout le monde conviendra que l'honorable membre aurait dû mettre plus de ménagement dans cette allocution.

AIR   *Qu'il pleuve, qu'il vente, etc*

V'là qu'un monsieur du centre
S'lève avec son gros ventre [1] :
« Jamais l'ministr' n'est en défaut;
S'il d'mand' d'l'argent, c'est qu'il en faut. »

Même air

« C'est vrai, poursuit un autre,
(Encore un bon apôtre !)
On d'mand' la strict' nécessité ;
Qui nous r'fuse est un révolté [2]. »

Même air.

« C'est la vérité même ,
Continue un troisième ;
Mais notr' patron z-a trop d'vertus ,
Il d'vrait vous d'mander quatr' fois plus. »

[1] *Ventre et centre* doivent être rangés parmi les rimes heureuses.

[2] *Est un révolté.* — On ne se sert pas de ces expressions à la chambre C'est encore la manière de notre auteur.

[3] *Quatre fois plus.* — Je puis affirmer que ce *quatre fois*

Air   *Mon pere etait pot*

« Messieurs, v'là trois fameux discours [1],
Dit un membre d'la droite ;
Ailleurs, si l'esprit n'a plus d'cours,
C'est qu'c'est eux qu'ont la boîte :
Pourtant j'suis d'l'avis
De mon vis-à-vis :
Il n'faut pas comm'ça s'rendre.
Croit-on qu'notre argent,
Il suffit vraiment
De s'baisser pour en prendre ? »

Air : *Bocage que l'aurore*

« Sûr'ment qu'ils perd'nt la boule [2],
S'écrie un d'l'autr' côté !

plus n'est jamais sorti de la pensee d'aucun orateur minis
teriel. Et puis, comment supposer que trois orateurs aient
tourné ainsi dans le même cercle, sans donner un éclaircis
sement, une preuve à l'appui ? Omission impardonnable

[1] *V'là trois fameux discours* — Il paraîtrait que ces dis
cours n'etaient vraiment pas tres solides

[2] *La boule,* pour *la tête* — Prosaique, tres prosaique

Croient-ils qu'j'avons la poule
Qu'en pond z-à volonté [1] ?
Ils nous promett'nt sans cesse
Qu'l'impôt va t-êtr' réduit :
Encore un' p'tit' promesse,
Il s'ra l'doubl' d'aujourd'hui. »

Air : Au clair de la lune.

« Dam ! répond'nt quelqu's membres,
C'n'est pas étonnant ;
Fallait a d'bell's chambres
Un bel ameub'ment :
Un homme à registre [2],
C'est quelqu'chose, j'croi !
Pourquoi qu'notr' ministre
S'rait plus mal que l'Roi [3] ? »

---

[1] *Qu'en pond z-a volonte* — C'est la poule aux œufs d'or, ὄρνις χρυσοτόχος.

[2] *Un homme à registre.* — Il fallait dire u portefeuille.

[3] *Plus mal que l'Roi* — Il y a ici une erreur Ce n'est pas le centre qui a dit que le ministre était mieux que le Roi, c'est l'opposition Il faut croire que c'est exagére.

Air : *Reveillez-vous, belle endormie.*

Qu'est c'lui-là ? z il n'a pas l'air tendre !
Il mont' sur l'balcon z-à son tour [1] :
« Messieurs, si vous voulez m'entendre,
J'vous promets d'être joliment court.

Air · *C'est ainsi qu'on passe gaiement, etc.*

» Si l'ministre a baissé vos rentes,
Si l'Espagn' vous coûta bien cher,
N' dit's pas qu'les fortun's sont souffran-
   tes,
Car lui s'trouv'bien au d'sus du pair ;
Et pour mieux prouver à l'envie
Tout' la richesse des Français,
Il vient de s'meubler un palais
Tel que n'en montre point l'Asie.

Même air.

» En voyant tout c't or en étoffe,
Tout c't or pur sur la table à thé,

[1] *Sur l'balcon. — A la tribune.* Jamais l'expression technique !

Vous d'mandez où-c'qu'est l'philosophe,
L'économiste et l'député :
Mais c'n'était pas pour des vétilles,
Qu'il se montra tel autrefois ;
Avant d'êtr' l'arbitre des rois,
Sixte-Quint portait des bequilles [1]. »

AIR . *N'en demandez-pas davantage.*

« Messieurs, vaudrait bien mieux voter,
Dit quelqu'un ; pourquoi tout c'tapage ?
Vous auriez beau vous révolter,
Il faut qu'vous avaliez l'breuvage [2] :
　Qu'on soit mécontent,
　Mais qu'on pay' comptant [3],
Nous n'en voulons pas davantage. »

[1] *Sixte Quint, etc* — Qu'on m'accuse, si l'on veut, d'être ministériel, mais je ne puis m'empecher de dire que tout ceci est fort inconvenant. Au reste, les grands hommes ont toujours leurs ennemis.

[2] *Il faut qu'vous avaliez, etc.* — Cette figure est evidemment defectueuse, puisque les opposans n'ont rien a prendre dans tout cela.

[3] *Mais qu'on pay' comptant.* — Non, le ministere n'a pas

Air : *Grenadier, que tu m'affliges.*

Tous ceux qu' cett' loi-là fait rire
Sont d'l'avis du *propinant* [1];
Chacun va dans la tir'lire [2]
Deposer son sentiment ;
  Et de c'moment
    L'affaire
    Est claire.
    Faut s'taire ,
Et n'plus songer qu'au paîment.

Air *des cris de Paris.*

Mais j'vois (fait's silence)
D'une autre Excellence
L'lieut'nant qui s'avance ;
Qu'est-c' qu'il va chanter?

repete le proverbe du cardinal Mazarin ; nos ministres ne
veulent pas qu'on soit mecontent, ni qu'on chante.

[1] *Du propinant.* — Lisez : *preopinant.*

[2] *Dans la tir'lire* — C'est aussi par trop trivial! L'auteur
veut designer l'urne parlementaire

Messieurs, pour mon maître,
J'viens vous fair' connaître
L'projet qu'votr' bien-être
Lui fit enfanter [1] :
Il est une ecume
D'artist's et d'gens d'plume [2],
Qu'par un' vieill' coutume,
Vous encouragez. [3]
Coupons leur les vivres ;
Plus d'arts et plus d'livres ;
Au moins d'trent' mill' livres [4]
Vous s'rez soulagés.

[1] *Lui fit enfanter* — Ici le poete s'elève Le mot *enfanter* est brillant, il exprime bien le resultat des hautes conceptions, des grands travaux d un ministre

[2] *Vous encouragez* — On ne dit pas *encourager l'ecume.* D'ailleurs le ministre a t il pu parler ainsi des artistes et des gens de lettres ?

[3] *D'gens d'plume* — J'ai vu quelqu'un qui prenait cela pour *la gent emplumee* des fabulistes. C'est une grosse er reur jamais le ministere n'a été l'ennemi des poulets, ni des dindons.

[4] *Trent' mill' livres* — Il y a probablement erreur. Trente mille francs' Quel secours, et quelle économie!

Même air.

« Au diabl' donc peinture,
Musique et sculpture,
Scienc's, littérature,
L'p'tit ch'val et Phébus [1];
Adieu, tragédies [2],
Zodiaqu's et momies;
Faut d's économies;
Tout ça c'est d's abus.

[1] *L'p'tit ch'val* — C'est evidemment *Pégase :* ou le poete ou l'orateur avaient oublié le nom.

[2] *Adieu, tragédies.* — Ce qui doit consoler les amateurs de spectacle, c'est que d'un autre coté le grand opera est vivement poussé vers la perfection. Toutes les mesures ont été prises à ce theatre pour qu'il n'y ait rien de mieux a faire, apres vêpres, que d'y conduire ses enfans. Le bruit court même qu'il est question d'y attacher un aumônier, depuis que la maîtresse d'un de nos ministres s'est trouvee mal, apres un grand ballet. Toutefois, je me defie de ce dit on, parce qu'il n'est guere croyable que des ministres si ostensiblement religieux, et qui, en toute occasion, parlent comme des apôtres, aient des maîtresses à l'Opera, ou ailleurs.

V'là donc c'que propose,
Pour le bien d'la chose,
C'lui qui dans votr' cause
A fait tant d'exploits [1]. »
Un gros qui sommeille
Tout-à-coup s'éveille,
En criant : « *Merveille !*
Aux voix ! vite aux voix ! »

Air . *Depuis long temps j'aimais Adele.*

Au même instant, dans tout l'parterre,
C'n'est plus qu'un tumulte, un' rumeur.
Un qui n'est pas du ministère
Mont' pour répondre à l'orateur :
« Messieurs, dit-il, celui que j'remplace,
Sur ses discours ne met pas d'fard ;
J'puis donc aussi lui dire en face
Qu'il a parlé comme un *homard* [2]. »

[1] Les mots *cause* et *exploit* rapprochés font le plus mauvais effet.

[2] *Comme un homard. —* Lisez : *comme un Omar.* Mais quelle épouvantable méprise ! Quelle profonde ignorance ! Ne pas

AIR   *Or nous dites Marie.*

Les homards et les huîtres [1]
Sont des poissons connus ;
Mais on parle d'*jésuitres* [2] ;
Bonsoir, moi, je n'y suis plus.
Tout'fois, Dieu les confonde,
Car (d'après ces messieus [3])
Ces bêt's-la n'cherchent l'monde
Qu'pour leur crever les yeux [4].

AIR   *Malbrou s'en va t en guerre*

Mais v'la qu'un gran d murmure,
La clôtur', la clôtur', la clôtur' [5] !

connaître Omar [1] et croire que dans une assemblée aussi respectable [1]. Allons donc ! ça passe toute croyance *A la halle ! à la halle !*

[1] *Les homards et les huîtres* — Ici l'auteur se brouille entierement, et l'on ne sait plus ce que c'est

[2] *D'jésuitres.* — Lisez *De jesuites*, qui ne sont pas des poissons.

[3] *Ces messieurs.* — *Les deputes*

[4] *Crever les yeux.* — C'est encore un malentendu, une inversion du moral au physique

[5] *La clôture.* — Un honorable membre a enrichi la langue

Mais vla qu'un grand murmure
Part des bancs du milieu :   *(bis)*
« Messieurs, faut s'dire adieu ;
L'chef de Monseigneur jure [1],
La clôtur', la clôtur', la clôtur' !
L'chef de Monseigneur jure,
Et son rôt sèche au feu. »

AIR   *Un magistrat irréprochable.*

«Messieurs, c'n'est pas l'tout qu'des paroles,
Dit aussitôt m'sieur l'président ;
Excusez si j'ferme les rôles :
Il faut se mettr' quelque chos' sous la dent [2] :
Vous auriez béau dir' des merveilles,
Çà s'rait toujours perdr' votr' latin ;

d'un mot nouveau, en disant, la bande *des clôturiers,*
comme on dit la bande *des claqueurs.*

[1] Il paraît que le centre a beaucoup d'égards pour les
chefs de cuisine.

[2] *S'mettr' quelqu' chos' sous la dent,* pour dire *manger.*
— Trivial

Ventre affamé n'a pas d'oreilles [1] ;
Allons dîner, la suite à d'main. »

Air · *Avec ma pipe de tabac.*

Ah ! comme ça fait bien mon affaire,
Moi qui n'a z'encor rien dans l'sac [2] ;
   Et j'vote avec le ministère,
Pour les intérêts d'l'estomac [3]...
Corbleu ! j' crois qu'en v'là qui s'obstinent !
Contre l'ventre c'est un coup monté !
Mais, un instant, les gens qui dînent
   Ici sont en majorité [4].

[1] *Ventre affame, etc.* — Comme on pourrait voir une allusion dans ce vers, j'avertis de lui conserver toute l'innocence du proverbe

[2] *Dans l'sac.* Lisez · *dans le corps.* — Cette expression est peu poetique, pour ne rien dire de plus

[3] *Pour les intérets d' l'estomac.* — Ce dernier trait est frappant Que de réflexions ça fait faire ! que de conversions peuvent être opérées par l'estomac ! Je laisse aux publicistes le soin d'apprecier l'influence que peut avoir l'estomac sur les délibérations d'une assemblée.

[4] *Ici sont en majorité.* — Les gens qui dînent sont en

AIR : *Comment goûter quelque repos*

J' lis les papiers, tout uniment,
Depuis que j'sais comm'ça s'pratique :
On y voit tout'la politique ;
On y voit comm'quoi, dernièr'ment,
On voulut fouetter nos p'tits frères,
Pour leux peine d'être nes aprés nous,
Et comm' quoi z'ils la gobaient tous [1],
Si c'n'eût eté la chamb' des *pères* [2].

AIR : *Rendez-moi mes cles, disait saint Pierre.*

C'est, j'crois, hier : a propos d'lampions [3],
V'là qu' tout-à-coup un d'ces champions

majorité à la chambre comme ailleurs, et ça doit être.
Dîner, c'est si naturel !

[1] *Ils la gobaient tous.* — Style de halle. *La gober* signifie *tomber dans le piege, etre le dindon de la farce.*

[2] *La chamb' des peres.* Lisez : *des pairs.* — C'est une faute que j'ai vu faire souvent, et il faut avouer qu'elle est bien pardonnable.

[3] *A propos d'lampions.* — Erreur : c'est à propos de *budget* Les lampions appartiennent à la discussion du droit d'aînesse.

Qui n'ont pas leur langu' dans la poche,
Dit au p'tit ministre d'l'argent [1] :
    « On parle, et c'est assez rageant,
        Qu'nous allons, monsieu',
        R' voir la censur' dans peu ;
    Expliquez-vous sans anicroche. »

Air : Si vous n'etiez pas si jolie

« Ceux qui vous ont dit ça, beau sire,
Vous ont appris la vérité.
Et j'n'aurai qu'un p'tit mot à dire,
Pour que ça soit exécuté.
C'est vraiment un' chos' trop étrange,
D'voir raisonner jusqu'aux moiveux !
Excusez, si ça vous dérange,
Mais ça s'ra comm'ça, si je l'veux [2]. »

----

[1] *Au ministre d' l'argent.* — Il faut croire qu'il s'agit du ministre des finances. Tout à fait inconvenant.

[2] *Si je l'veux.* — Il est inconcevable que le ministre ait pu repondre d'un ton aussi tranchant à un deputé de la nation, et sur une matiere aussi grave. C'est ici, plus que jamais, le cas de repeter ce proverbe : *Le roi dit bien nous voulons.*

Air · *Le vin réjouit les hommes*

Ah! v'la qu'est b'en d'une autr' force !
Monsieur d'la justice , a vous :
Est-c' vrai qu'vous auriez, en Corse,
  Travaille pour les filous?
Voyez donc la bonn' malice !
C'métier là s'ra des meilleurs,
  Si ceux qui font la police
  Sont les patrons des voleurs [1].

Air *Nous sommes tous des imbeciles,*

Par exemp', c'est un peu violent [2],
Dit l'ministre a la compagnie [3]!...
  Monsieur , vous êt's un insolent ,

[1] *Sont les patrons des voleurs.* — L'honorable membre qui a fait un discours si remarquable sur cette matiere ne s'est pas servi de ces expressions , il a prouvé seulement que M. le garde-des-sceaux relâchait les forçats , et destituait les magistrats trop vigilants

[2] *C'est un peu violent* — Expression un peu familiere pour la gravité du sujet.

[3] *A la compagnie.* — Il fallait dire à l'assemblée.

Et j'vas montrer votr' calomnie.
C'te caus'-là s'divise en trois cas [1] :
Or, au premier j'pourrais répondre ;
Quant au s'cond, ça n'vous r'garde pas ;
Sur l'autr' je m'tais, pour vous confondre [2]

AIR

Là-d'sus, comm' vous pouvez croire,
Chacun s'trouva convaincu [3],
    Et battu.
Les amis d'chanter victoire !

AIR : *Du haut en bas.*

C'est d'bons enfans,
Les Jésuit's qu'on r'niait l'autr' semaine ;

---

[1] *En trois cas, c'est a dire, en trois points.*

[2] *Sur l'autr' je m'tais, etc.* — Je vous demande si c'est la repondre. C'est une omission de l'auteur. Je sais bien que le ministre n'a rien prouve, mais enfin il a repondu, même assez longuement.

[3] *Chacun s'trouva convaincu.* — N'en croyez rien. Personne n'a ete convaincu, si ce n'est de l'impuissance du ministre.

C'est d'bons enfans ;
Un ministre l'assur', j'y consens.
Ainsi donc, qu'ça n'vous fass' pas d'peine,
S'il avou' qu'la France en est pleine [1] ;
C'est d'bons enfans.

Même air

C'est d'bons enfans ;
J'sais bien qu'la loi contre eux est claire[2] ;
C'est d'bons enfans,
Et v'là pourquoi que j'les défends.
S'ils ont joue du poignard, misère !
Cinq, six Rois n'sont pas une affaire :
C'est d'bons enfans [3].

[1] *S'il avoue, etc* — C'est un aveu bien étonnant, après les constantes dénégations du ministère.

[2] *J'sais bien qu'la loi, etc.* Fussent-ils encore meilleurs enfans, si la loi est formelle, il y a contravention, il y a délit.

[3] *C'est d'bons enfans.* — En fait de bons enfans, c'est n'être pas difficile, et je trouve aussi l'auteur trop bon enfant.

Air *Je m'en vais vous raconter.*

Bref : l'œuf est assez couvé [1],
V là toūt l'mond' qui s'mouve [2] ;
Et c'qui n'est pas bien prouvé,
C'est l'scrutin qui l'prouve [3].

[1] *L'œuf est assez couve.* — C'est sans doute la loi, l ar
ticle ou discussion.— De mauvais goût.

[2] *Qui s'mouve* — En français on dit qui se meut.

[3] *C'est l'scrutin, etc* — C'est une assez mauvaise ma
niere de prouver.

F I N.

IMPRIMERIE DE LACHEVARDIERE FILS,
rue du Colombier, n° 30

Bibliothèque

POPULAIRE.

On a déjà tenté plusieurs fois de former à peu de frais de petites bibliothèques destinées aux lecteurs les plus économes. En général, ces entreprises ont faiblement réussi, parce qu'elles étaient faites sans beaucoup de soin; que, tout en faisant payer encore fort cher, on donnait des ouvrages écrits à la hâte, et qu'on ne trouvait pas souvent dans ces recueils les parties les plus utiles.

La Bibliothèque populaire, que nous annonçons ici, n'aura, nous l'osons promettre, aucun de ces inconvéniens. Le prix en sera véritablement modeste ; la collection comprendra le précis de toutes les connaissances humaines ; et toutes les parties en sont confiees a des hommes d'un mérite reconnu ; en sorte qu'elle pourra convenir aux plus difficiles par son exécution et aux plus modestes bourses par son prix.

Il paraîtra tous les lundis et jeudis, à compter du 15 juin prochain, à PARIS, chez TOUQUET et Comp., galerie Vivienne, et chez BRIÈRE, rue Saint-Andre des-Arts, n° 68, un volume d'environ 128 pages, imprime sur le papier de ce *Prospectus*.

PRIX : *cinquante centimes*, et *soixante centimes* par la poste.

P S. — L'idée d'une BIBLIOTHÈQUE POPULAIRE, appartient a la *Societe pour l'amelioration de l'Enseignement elementaire*, fondee a Paris, par MM les ducs DE LA ROCHE-FOUCAULD-LIANCOURT, Mathieu DE MONTMORENCI, BOI DEAUVILLE, et MM DE GERANDO, DE LASTERIE, JULLIEN, JOMARD, Alex. DE LA BORDE, l'abbé GAULTIER, etc — *Suum cuique*

TABLEAU DES OUVRAGES

qui composeront

LA BIBLIOTHÈQUE POPULAIRE.

HISTOIRE.

Chronologie univers.
Geographie anc. et mod.
Histoire de l'Egypte.
— des Hébreux
— du Japon
— de la Chine
— de la Perse.
— romaine.
— de la Grèce anc.
— de la Grèce mod.
— de France.
— d'Angleterre , d'É-
    cosse et d'Irlande
— d'Allemagne.
— d'Espagne
— de Portugal
— d'Italie.
— de Venise
— du Piémont.
— du Bas-Empire.
— de Turquie
— de Russie
— de la Suisse.
— de la Suède.
— du Danemarck.
— de la Norwége.
— de la Prusse
— de la Pologne
— de la Hollande
— des Pays Bas,

— des États Barbaresq.
— des États-Unis.
— de l'Amérique.
— de l'Afrique.
— des Papes et de l'Égl
— des Guerres de relig.
— des Croisades
— des Ordres religieux.
— des Hérésies et des
    Schismes
— des Inquisitions, etc.

THÉOLOGIE.

Cours de Théologie.
Morale des Livres saints
Vies des Saints.
Traité des Erreurs et des
    Superstitions.
Mythologie.
Sermons.

SCIENCES ET ARTS.

Politique
Jurisprudence univers
Féodalité.
Code civil.
— de procédure.
— de commerce.
— d'instruction crimin.
— pénal
Esprit des Lois
Medecine.
Histoire naturelle

Minéralogie.
Botanique.
Astronomie.
Mathématiques
Grammaire.
Rhétorique.
Logique.
Métaphysique.
Physique.
Chimie.
Mécanique.
Manuels des Arts et Métiers.
Marine.
Chasse et pêche.
Jardinage.
Maison rustique.
Architecture.
Peinture.
Cuisine.
Jeux d'adresse.
— d'esprit.

LITTÉRATURE.

Voltaire.
J.-J. Rousseau.
Molière.
Corneille.
Racine.
Pascal
Boileau
Lafontaine.
La Rochefoucauld.

Labruyère.
Fénélon.
Montaigne.
Diderot.
Delille, etc.
Poésies diverses.
Anecdotes.
Romans choisis.

BIOGRAPHIE.

Biographies diverses.
Histoire de Napoléon.
— de Louis XIV.
— de Henri IV.
— de Pierre le Grand.
— de Charles XII.
— de Charlemagne.
— de Charles-Quint.
— de François I.
— de Marie Stuart.
— d'Élisabeth.
— de Catherine II.
— de Jeanne d'Arc
— de Bayard.
— de Turenne.
— de Duguesclin.
— de l'Hospital.
— de Louis IX.
— d'Alexandre le Gr.
— d'Auguste.
— de Mahomet.
— d'Ignace de Loyola

IMPRIMERIE DE MARCHAND DU BREUIL,
Rue de la Harpe, n. 80.